辽宁省地方标准

辽宁省温拌沥青混合料设计与施工技术规范

Technical Specifications for Design and Construction of Warm Mix Asphalt in Liaoning Province

DB 21/T 2999—2018

主编单位:辽宁省交通厅公路管理局
辽宁省交通科学研究院有限责任公司
辽宁仁泰交通科技有限公司
批准部门:辽宁省质量技术监督局
实施日期:2018 年 08 月 30 日

人民交通出版社股份有限公司

图书在版编目(CIP)数据

辽宁省温拌沥青混合料设计与施工技术规范：DB 21/T 2999—2018/辽宁省交通厅公路管理局等主编. — 北京：人民交通出版社股份有限公司，2018.12

ISBN 978-7-114-15260-3

Ⅰ. ①辽…　Ⅱ. ①辽…　Ⅲ. ①沥青拌和料—技术规范　Ⅳ. ①U414-65

中国版本图书馆 CIP 数据核字(2018)第 292880 号

书　　名：辽宁省温拌沥青混合料设计与施工技术规范
著 作 者：辽宁省交通厅公路管理局
辽宁省交通科学研究院有限责任公司
辽宁仁泰交通科技有限公司
责任编辑：李　沛　侯蓓蓓
责任校对：张　贺
责任印制：张　凯
出版发行：人民交通出版社股份有限公司
地　　址：(100011)北京市朝阳区安定门外外馆斜街 3 号
网　　址：http://www.ccpress.com.cn
销售电话：(010)59757973
总 经 销：人民交通出版社股份有限公司发行部
经　　销：各地新华书店
印　　刷：北京鑫正大印刷有限公司
开　　本：880×1230　1/16
印　　张：2.5
字　　数：65 千
版　　次：2018 年 12 月　第 1 版
印　　次：2018 年 12 月　第 1 次印刷
书　　号：ISBN 978-7-114-15260-3
定　　价：30.00 元
(有印刷、装订质量问题的图书，由本公司负责调换)

关于发布《辽宁省温拌沥青混合料设计与施工技术规范》（DB 21/T 2999—2018）的公告

经辽宁省质量技术监督局审查批准，现发布辽宁省地方标准《辽宁省温拌沥青混合料设计与施工技术规范》（DB 21/T 2999—2018），自2018年8月30日起施行。

《辽宁省温拌沥青混合料设计与施工技术规范》（DB 21/T 2999—2018）由辽宁省交通厅公路管理局、辽宁省交通科学研究院有限责任公司、辽宁仁泰交通科技有限公司共同主编，标准的管理权和解释权归辽宁省交通运输厅，日常解释和管理工作由辽宁省交通厅公路管理局负责。

请各有关单位在实践中注意积累资料，总结经验，及时将发现的问题和修改意见函告辽宁省交通厅公路管理局（地址：辽宁省沈阳市和平区砂山街128号，邮编：110005），以便修订时参考。

特此公告。

辽宁省交通运输厅

二〇一八年八月二十日

目　次

前　言

温拌沥青混合料技术是近几年国内外研发并正在逐步推广应用的一种新技术。与相同类型热拌沥青混合料相比,在基本不改变沥青混合料材料配合比和施工工艺的前提下,在保证路用性能达到热拌沥青混合料技术性能要求的同时,可降低沥青混合料施工温度30℃以上。温拌沥青混合料技术是一种绿色、节能环保、经济实用的新型技术,符合国家节能减排、绿色交通、低碳环保的战略方针,符合交通运输行业提出的五大发展理念和“四个交通”战略框架。

辽宁省从2006年引入该技术,并已在多条公路、隧道沥青路面上进行了试验与应用,取得了良好的社会效益和经济效益。为了更好地规范和指导温拌沥青混合料技术的设计与施工,推动温拌沥青混合料技术的推广应用,保证温拌沥青混合料路面的工程质量,特编制《辽宁省温拌沥青混合料设计与施工技术规范》(以下简称“本规范”)。

本规范是在总结辽宁省交通运输厅重点科技项目“温拌沥青混合料应用研究”(项目编号200609)、“温拌沥青的推广应用研究”(项目编号201207)研究成果以及温拌沥青路面实体工程应用总结的基础上,参考《公路沥青路面施工技术规范》(JTG F40—2004)、辽宁省地方标准《沥青路面养护工程质量检验评定规范》(DB 21/T 2026—2012)以及国内外有关成果等编制而成。本规范共分7章,主要内容包括:范围,规范性引用文件,术语和定义、符号及代号,材料要求,配合比设计,施工工艺和施工质量管理与验收。

请各有关单位和工程技术人员在使用过程中注意总结经验,对本规范有何意见或建议函告辽宁省交通厅公路管理局(地址:辽宁省沈阳市和平区砂山街128号,邮编:110005),以便修订时研用。

起草单位:辽宁省交通厅公路管理局
辽宁省交通科学研究院有限责任公司
辽宁仁泰交通科技有限公司
主要起草人:苏　毅　周　谦　吴耀东　郭志刚　黄　强　白　杨　朱建平　南雪峰
武泽锋　逯艳华　张晓兵　任俊达　韦洪峰　刘　楠　那达慕　王枫成
李　雷　王　毅

引　言

温拌沥青混合料技术是指介于热拌沥青混合料和常温沥青混合料之间的一种沥青混合料拌和技术。即在同等原材料条件下,温拌沥青混合料的拌和温度和压实温度较热拌沥青混合料可降低30℃以上,温拌技术在保证其优良路用性能的同时,发挥出其降耗、减排、节省资源、改善环境的重要作用,对于交通基础设施可持续发展与和谐发展具有重要的战略意义。

为规范和指导温拌沥青浘合料技术的设计与施工,推动其在辽宁省科学、合理地推广应用,保证温拌沥青混合料性能和施工质量,特制定本规范。

温拌沥青混合料路面施工必须有施工组织设计,并保证合理的施工工期,不得在最低平均气温低于5℃(高速公路、一级公路和城市快速路、主干路)或2℃(其他等级道路)以及雨天、路面潮湿的情况下施工。

辽宁省温拌沥青混合料设计与施工技术规范

1 范围

本规范规定了基于表面活性原理实现沥青混合料温拌技术的设计与施工。

本规范适用于各等级公路和城市道路沥青路面的新建、改建和养护工程。特别适用于长大隧道路面铺装、橡胶沥青、薄层罩面以及对环境要求较高的城市道路工程和较低环境温度下施工的工程。

2 规范性引用文件

下列文件对于本文件的应用是必不可少的。凡是注明日期的引用文件,仅注日期的版本适用于本文件。凡是不注明日期的引用文件,其最新版本(包括所有的修改单)适用于本文件。

JTG H20　公路技术状况评定标准
JTG D50　公路沥青路面设计规范
JTG F40　公路沥青路面施工技术规范
JTG E42　公路工程集料试验规程
JTG E60　公路路基路面现场测试规程
JTG E20　公路工程沥青及沥青混合料试验规程
JTJ 073.2　公路沥青路面养护技术规范

3 术语和定义、符号及代号

3.1 术语和定义

3.1.1

温拌沥青混合料　warm mix asphalt(WMA)

相对于同类型的热拌沥青混合料,通过添加剂或工艺等措施,使拌和温度降低30℃以上、性能达到热拌沥青混合料同等水平的沥青混合料。

3.1.2

温拌添加剂　warm mix additive

添加到沥青或沥青混合料中,通过物理或化学作用,能够显著降低沥青混合料施工拌和温度,并实现温拌沥青混合料路用性能等同于同类型热拌沥青混合料的添加材料。

3.1.3

沥青混合料操作温度　working temperature of asphalt mixture

沥青混合料的拌和温度、摊铺温度和压实温度等。

3.1.4

温拌界定温度　warm mix threshold temperature

是判断热拌沥青混合料和温拌沥青混合料的主要依据。出料温度低于温拌界定温度的混合料被认定为温拌沥青混合料;出料温度高于温拌界定温度的混合料被认定为热拌沥青混合料,温拌界定温度分常温施工和低温施工两种。

3.1.5

常温施工　normal construction

在最低平均气温高于10℃的条件下进行的温拌沥青混合料施工,属常温施工。

3.1.6

低温施工　cold season construction

在最低平均气温介于5℃～10℃的条件下进行的温拌沥青混合料施工,属低温施工。

3.1.7

表面活性温拌技术　surfactant based WMA technology

采用表面活性类添加剂的温拌技术。在拌和过程中,通过表面活性添加剂独特的界面作用,加速沥青分散和裹覆石料,在沥青内部形成独特的润滑结构,该结构帮助混合料在温拌界定温度下维持足够的工作性。在混合料成型后,添加剂及其施工工艺不会降低路面使用性能。

3.2　符号及代号

本规范各种符号、代号及其意义详见表1。

表1　符号及代号

序　　号	符号或代号	意　　义
1	WMA	温拌沥青混合料
2	WAC	温拌密级配沥青混合料
3	WSMA	温拌沥青玛蹄脂碎石混合料
4	WUTFC	温拌间断级配超薄磨耗层
5	*OAC*	沥青混合料的最佳沥青用量
6	*MS*	马歇尔稳定度
7	*FL*	马歇尔试验的流值
8	*VV*	压实沥青混合料的空隙率,即矿料及沥青以外的空隙(不包括矿料自身内部的孔隙)的体积占试件总体积的百分率
9	*VMA*	压实沥青混合料的矿料间隙率,即试件全部矿料部分以外的体积占试件总体积的百分率
10	*VFA*	压实沥青混合料中的沥青饱和度,即试件矿料间隙中扣除被集料吸收的沥青以外的有效沥青结合料部分的体积在*VMA*中所占的百分率
11	*VCA*	粗集料骨架间隙率
12	VCA_{mix}	压实沥青混合料的粗集料骨架间隙率,即试件的粗集料骨架部分以外的体积占试件总体积的百分率
13	VCA_{DRC}	捣实状态下的粗集料松装间隙率
14	TFOT	沥青的薄膜加热试验
15	RTFOT	沥青的旋转薄膜加热试验
16	Superpave	美国SHRP(Stratebic Highway Reseach Program)沥青混合料配合比设计体系的注册名称

4 材料要求

4.1 一般规定

4.1.1 温拌沥青混合料使用的各种材料，运至现场后必须取样进行质量检验，经评定合格后方可使用，不得以供应商提供的检测报告或商检报告代替现场检测。

4.1.2 温拌沥青混合料路面集料的选择必须经过认真的料源调查，在符合质量要求的条件下尽可能就地取材。石料开采必须注意环境保护，防止破坏生态平衡。

4.1.3 集料粒径规格以方孔筛为准。不同料源、品种、规格的集料不得混杂堆放。

4.2 沥青

4.2.1 辽宁省温拌沥青混合料所采用的沥青为A级70号、90号道路石油沥青，其技术要求应符合现行《公路沥青路面施工技术规范》(JTG F40)的相关规定。

4.2.2 改性沥青可采用高分子聚合物、天然沥青以及其他改性材料制备。常用的SBS聚合物改性沥青的质量应符合表2规定的技术要求。

表2 SBS改性沥青技术要求

序号	指　　标	单　　位	技术要求		试验方法
			A类	B类	
1	针入度(25℃,5s,100g)	0.1mm	≥50	60~80	T 0604
2	针入度指数 *PI*	—	≥ -0.2	≥ -0.4	T 0604
3	软化点(R&B)	℃	≥70	≥55	T 0606
4	延度(5℃,5cm/min)	cm	≥45	≥30	T 0605
5	135℃运动黏度	Pa·s	≤3		T 0625 或 T 0619
6	闪点	℃	≥230		T 0611
7	溶解度	%	≥99		T 0607
8	弹性恢复(25℃)	%	≥85	≥65	T 0662
9	储存稳定性离析,48h软化点差	℃	≤2.5		T 0661
TFOT或RTFOT后					
10	质量变化	%	±1.0		T 0610 或 T 0609
11	残留针入度比	%	≥60	≥60	T 0604
12	残留延度(5℃)	cm	≥25	≥20	T 0605
注：根据建设性质、设计要求，具体选择哪类技术要求经论证后确定。					

4.2.3 若选用其他天然沥青、橡胶沥青等高黏度沥青胶结料，应满足其相应标准的技术要求。

4.2.4 沥青在储运、使用及存放过程中应有良好的防水措施，避免雨水或加热管道蒸汽进入沥青中。

4.3 集料

4.3.1 粗集料、细集料和填料应符合现行《公路沥青路面施工技术规范》(JTG F40)的相关规定，应由具有生产许可证的采石场、采砂场生产。

4.3.2 温拌沥青混合料用的粗集料、细集料不宜采用多孔性或内部吸水性强的集料；细集料应采用机制砂,洁净的天然砂、石屑等。机制砂应采用优质碱性石料为原料,使用专用的制砂机生产;采用天然砂石时,其用量不应超过矿料总量的8% ~10%,WSMA不宜使用天然砂;采用石屑时,应清洁、干净,不得含有泥土杂质。

4.3.3 填料应采用洁净的碱性石料磨细的矿粉,允许同时掺加1% ~2%(与混合料质量比)的消石灰粉替代部分填料。

4.3.4 矿粉应干燥、洁净、无结块。其技术指标要求应符合现行《公路沥青路面施工技术规范》(JTG F40)的相关规定。

4.4 其他材料

4.4.1 温拌沥青玛蹄脂碎石混合料(WSMA)中掺加的纤维稳定剂,宜选用木质素纤维、矿物纤维、有机纤维等。

4.4.2 纤维应在250℃的干拌温度下不变质、不发脆,使用纤维必须符合环保要求,不危害身体健康,纤维必须在混合料拌和过程中能充分分散均匀。纤维的技术指标应满足现行《公路沥青路面施工技术规范》(JTG F40)的要求。

4.5 温拌添加剂

4.5.1 温拌添加剂的选择应满足下列要求:

a) 与同类型热拌沥青混合料相比,加入温拌添加剂后可使沥青混合料的拌和温度及压实温度降低30℃以上;

b) 加入温拌添加剂的沥青混合料,其技术性能应达到同类型热拌沥青混合料的指标,并满足现行《公路沥青路面施工技术规范》(JTG F40)的要求;

c) 加入温拌添加剂必须符合环保要求,不得在使用过程中产生有毒、有害气体。

4.5.2 温拌添加剂应在成熟应用的基础上,设定其质量检验标准。

4.5.3 为确保温拌添加剂的有效性,添加剂必须在密闭容器中避光保存,使用前添加剂必须保持均匀状态,无悬浮物和沉淀物。温拌添加剂技术指标应符合表3要求,有关添加剂的胺值和固含量的检测方法,详见本规范附录A。

表3 温拌添加剂技术指标要求

项　目	单　位	溶液直投型(H型)	沥青添加型(M型)
胺值	mg/g	400 ~560	510 ~610
pH值(25 C)	—	实测	实测
固含量	%	≥设计值	—
注:试验方法参照本规范附录A。			

5 配合比设计

5.1 一般规定

5.1.1 除本规范特殊规定外,温拌沥青混合料的配合比设计应按照现行《公路沥青路面施工技术规范》(JTG F40)的有关要求进行。

5.1.2 温拌沥青混合料的设计应遵循现行规范关于热拌沥青混合料配合比设计中目标配合比、生产配合比以及试拌试铺验证三个阶段的规定,确定矿料级配及最佳沥青用量。

5.1.3 温拌沥青混合料级配类型应按集料公称最大粒径、矿料级配、空隙率等进行分类。结合辽宁省公路沥青路面结构及温拌技术应用的实际情况，温拌沥青混合料级配可分为密级配 WAC-10、WAC-13、WAC-16、WAC-20、WAC-25 五种类型，间断级配 WUTFC10 一种类型，以及 WSMA-10、WSMA-13、WSMA-16 三种类型。

5.1.4 温拌沥青混合料配合比设计宜采用马歇尔体积设计方法，有条件的单位也可以采用 Superpave 设计方法进行验证。

5.1.5 用于各结构层的温拌沥青混合料，应满足所在层位的功能要求，便于施工，不易离析。各层宜连续施工并联结成为一个整体，以保证沥青路面的使用性能。

5.1.6 温拌沥青层铺筑前，应检查下承层的质量，不符合要求的不得铺筑。下承层已被污染时，必须清洗或经铣刨处理后方可铺筑温拌沥青混合料。

5.2 目标配合比设计

5.2.1 温拌沥青混合料必须在对同类型热拌沥青路面配合比设计和使用情况调查研究的基础上，充分借鉴成功的经验，选用符合要求的材料，进行目标配合比设计。目标配合比供拌和机确定各冷料仓的供料比例、进料速度及试拌使用。

5.2.2 温拌沥青混合料的矿料级配应符合规定的设计级配范围。通常情况下，温拌密级配沥青混合料（WAC）矿料级配范围应符合表 4 的规定；温拌间断级配超薄磨耗层（WUTFC）矿料级配范围应符合表 5 的规定；温拌沥青玛蹄脂碎石混合料（WSMA）矿料级配范围应符合表 6 的规定。

表 4 温拌密级配沥青混合料（WAC）矿料级配范围

级配类型		通过下列筛孔（mm）的质量百分率（%）											
		26.5	19	16	13.2	9.5	4.75	2.36	1.18	0.6	0.3	0.15	0.075
粗粒式	WAC-25	90~100	75~90	65~83	57~76	45~65	24~52	16~42	12~33	8~24	5~17	4~13	3~7
中粒式	WAC-20	100	90~100	78~92	62~80	50~72	26~56	16~44	12~33	8~24	5~17	4~13	3~7
	WAC-16		100	90~100	76~92	60~80	34~62	20~48	13~36	9~26	7~18	5~14	4~8
细粒式	WAC013			100	90~100	68~85	38~68	24~50	15~38	10~28	7~20	5~15	4~8
	WAC-10				100	90~100	45~75	30~58	20~44	13~32	9~23	6~16	4~8

表 5 温拌间断级配超薄磨耗层（WUTFC）矿料级配范围

级配类型	通过下列筛孔（mm）的质量百分率（%）											
	13.2	11.4	9.5	8	5.6	4.75	2.36	1.18	0.6	0.3	0.15	0.075
WUTFC-10	100	90~100	85~95	70~85	35~50	26~36	22~32	15~25	10~20	7~15	5~11	4~7

表 6 温拌沥青玛蹄脂碎石混合料（WSMA）矿料级配范围

级配类型		通过下列筛孔（mm）的质量百分率（%）										
		19	16	13.2	9.5	4.75	2.36	1.18	0.6	0.3	0.15	0.075
中粒式	WSMA-16	100	90~100	65~85	45~65	20~30	16~26	14~22	12~18	10~15	9~14	8~11
细粒式	WSMA-13		100	90~100	50~75	20~30	15~26	14~24	12~20	10~16	9~15	8~12
	WSMA-10			100	90~100	30~60	20~30	14~26	12~22	10~18	9~16	8~13

5.2.3 温拌沥青混合料采用马歇尔试验进行混合料设计。温拌沥青混合料技术要求应符合表7～表9的要求,并保证良好的施工性能。

表7 温拌密级配沥青混合料马歇尔试验技术标准

试验指标	单位	技术标准(高速公路、一级公路)					其他等级公路
击实次数(双面)	次	75					50
试件尺寸	mm	ϕ101.6×63.5					
空隙率 *VV*	%	3～5					3～6
稳定度 *MS*	kN	≥8					≥5
流值 *FL*	mm	2～4					2～4.5
矿料间隙率 *VMA*(%)	相应于以下公称最大粒径(mm)的最小 *VMA* 及 *VFA* 技术要求						
	26.5	19	16	13.2	9.5	9.5	
	≥12	≥13	≥13.5	≥14	≥15	15	
沥青饱和度 *VFA*(%)	65～75						70～85

表8 温拌间断级配超薄磨耗层马歇尔试验技术标准

试验指标	单位	技术标准
击实次数(双面)	次	50
试件尺寸	mm	ϕ101.6×63.5
粗骨架间隙率 VCA_{mix}	%	≤VCA_{DRC}
空隙率 *VV*	%	8～12
矿料间隙率 *VMA*	%	≥18
稳定度 *MS*	kN	≥5
沥青饱和度 *VFA*	%	45～55

表9 温拌沥青玛蹄脂碎石混合料马歇尔试验技术标准

试验指标	单位	技术标准
击实次数(双面)	次	50
试件尺寸	mm	ϕ101.6×63.5
空隙率 *VV*	%	3.5～4.5
粗骨架间隙率 VCA_{mix}	—	≤VCA_{DRC}
矿料间隙率 *VMA*	%	≥17
稳定度 *MS*	kN	≥6
流值 *FL*	mm	2～5
沥青饱和度 *VFA*	%	75～85

5.2.4 温拌沥青混合料配合比检验,应符合表10～表12的各项检验指标要求。

表 10 温拌密级配沥青混合料配合比设计检验指标

检验项目		单位	技术要求		试验方法
			普通沥青	改性沥青	
车辙试验动稳定度		次/mm	≥800	≥2 400	T 0719
低温弯曲破坏应变		με	≥2 300	≥2 800	T 0715
水稳定性	浸水马歇尔残留稳定度	%	≥80	≥85	T 0709
	冻融劈裂试验残留强度比	%	≥75	≥80	T 0729
混合料试件渗水系数		mL/min	≤60	≤60	T 0730

表 11 温拌间断级配超薄磨耗层配合比设计检验指标

检验项目		单位	技术要求	试验方法
谢伦堡沥青析漏试验的结合料损失		%	≤0.1	T 0732
肯塔堡飞散试验的混合料损失(20℃)		%	≤15	T 0733
低温弯曲破坏应变		με	≥2 500	T 0715
水稳定性	浸水马歇尔残留稳定度	%	≥80	T 0709
	冻融劈裂试验残留强度比	%	≥80	T 0729
混合料试件渗水系数		mL/min	≤80	T 0730

表 12 温拌沥青玛蹄脂碎石混合料配合比设计检验指标

检验项目		单位	技术要求	试验方法
车辙试验动稳定度		次/mm	≥5 500	T 0719
低温弯曲破坏应变		με	≥2 800	T 0715
水稳定性	浸水马歇尔残留稳定度	%	≥85	T 0709
	冻融劈裂试验残留强度比	%	≥80	T 0729
混合料试件渗水系数		mL/min	≤80	T 0730

5.3 生产配合比设计与验证

生产配合比设计阶段及试铺试拌验证阶段应按照现行《公路沥青路面施工技术规范》(JTG F40)的有关步骤进行。

6 施工工艺

6.1 一般规定

6.1.1 温拌沥青混合料生产与施工采用的设备与热拌沥青混合料相同。

6.1.2 铺筑温拌沥青混合料面层之前，应检查下承层的质量，不符合要求的不得铺筑温拌沥青混合料面层。下承层已被污染时，必须处理后方可铺筑温拌沥青混合料，并做好透层和黏层，保证层间黏结。

6.2 施工温度

6.2.1 温拌沥青混合料路面宜在最低平均气温不低于5℃的条件下施工。温拌沥青混合料施工温度应根据沥青标号、气候条件、铺装层厚度等综合确定。温拌沥青混合料的施工温度可参照表13。当摊铺层较薄或外界气温较低时取高限,反之可取低值。

表13 温拌沥青混合料建议施工温度

工　　序	施工温度(℃)			测 量 部 位
	密级配沥青混合料		WSMA、WUTFC混合料	
	基质沥青	改性沥青		
沥青加热温度	150～160	160～165	160～165	沥青加热罐
集料加热温度	120～130	140～145	140～145	热料提升斗
混合料出场温度	110～130	135～160	140～160	运料车
摊铺温度	100～120	130～145	130～150	摊铺机
初压温度	95～110	120～135	120～135	摊铺层内部
复压温度	70～85	100～115	110～120	摊铺层内部
碾压终了温度	60～70	70～80	90～100	摊铺层内部
开放交通时路面温度	≤50	≤50	≤50	路表

注1:表中所列施工温度仅供参考,实际施工中要根据环境温度、混合料类型等具体情况确定,找到最适合的摊铺和压实温度。

注2:大风降温天气对混合料的温度损失较大,不宜施工,必须施工时应适当提高混合料的温度。

6.2.2 温拌沥青混合料路面的最低施工温度可参考表14的规定。应用超薄面层时,不应低温条件下施工。

表14 温拌沥青混合料适宜施工温度条件和最低摊铺温度

下承层表面温度(℃)	相应于下列不同摊铺层厚度的最低摊铺温度(℃)					
	普通沥青混合料			改性沥青混合料或SMA沥青混合料		
	40mm～50mm	50mm～80mm	>80mm	40mm～50mm	50mm～80mm	>80mm
<5	不允许	不允许	140	不允许	不允许	不允许
5～10	110	105	100	135	130	125
10～15	100	95	95	130	125	120

注:大风降温天气对混合料的温度损失较大,不宜施工,必须施工时应适当提高混合料的温度。

6.2.3 温拌沥青混合料的温度应采用具有金属探测针的插入式数显温度计测量。在运料车上测量温度时,宜在车厢板侧板下方打一个小孔插入量取,插入长度不少于15cm。碾压温度可借助金属螺丝刀将路面辅助温度计测针插入摊铺层内部测量得到。

6.3 温拌沥青混合料的拌和

6.3.1 温拌沥青混合料的拌和应按照现行《公路沥青路面施工技术规范》(JTG F40)对热拌沥青混合料拌和的相关规定执行。

6.3.2 温拌沥青混合料必须在沥青拌和厂(场、站)采用间歇式拌和机拌制。拌和厂的设置应符合下列规定:

a) 拌和厂的设置必须符合国家有关环境保护、消防、安全等规定。

b) 拌和厂与工地现场距离应充分考虑交通堵塞的可能,确保混合料的温度下降不超过表 13 的建议施工温度要求,且不致因颠簸造成混合料离析。

c) 拌和厂应具有完备的排水设施。各种集料必须分隔储存,细集料应设防雨顶棚,料场及场内道路应作硬化处理,严禁泥土污染集料。

6.3.3 温拌沥青混合料采用间歇式拌和机拌制的拌和能力应满足施工进度要求。拌和机除尘设备完好,能达到环保要求。冷料仓的数量满足配合比需要,通常不宜少于 5 个。

6.3.4 温拌沥青混合料(H 型温拌添加剂)的生产应在沥青混合料拌和设备上安装温拌剂的添加装置。温拌添加剂应以浓缩液的形式直接泵送到间歇式拌和楼中,做到“按时、准确”。浓缩液与沥青用量的比例,应根据间歇式拌和设备以及混合料的沥青用量确定,一般不应低于 5%(内掺),且温拌添加剂的添加情况宜在拌和设备的控制台上在线实时显示。根据需要宜在沥青混合料拌和设备的拌和缸上设置排气口(口径约 20cm),及时将产生的水蒸气排出。

温拌沥青混合料(M 型温拌添加剂)的生产,生产前应先进行温拌沥青生产,即将 M 型温拌添加剂在搅拌状态下加入到沥青(改性沥青)中,搅拌均匀,维持生产温度,按照同类型的热拌沥青混合料的试验流程完成温拌沥青混合料的生产拌和过程。

6.3.5 温拌沥青混合料的出料温度应符合表 13 的要求。烘干集料的残余含水量不得大于 1%。每天最初几盘集料应提高加热温度,并干拌几锅集料废弃,再正式加沥青拌和混合料。

6.3.6 温拌沥青混合料拌和设备的各种传感器必须定期检定,周期不少于每年 1 次。冷料供料装置应经标定得出集料供料曲线。

6.3.7 温拌沥青混合料拌和时间应根据具体情况经试拌确定,以沥青胶结料均匀裹覆集料为度。间歇式拌和机每盘的生产周期不宜少于 45s,其中干拌不少于 3s,喷沥青和浓缩液控制在 13s 以内,然后湿拌 6s 添加矿粉,再继续湿拌不少于 30s,应保证温拌沥青混合料无花白料。

6.3.8 间歇式拌和机的振动筛规格应与矿料规格相匹配,最大筛孔宜略大于混合料的最大粒径,其余筛的设置应考虑混合料的级配稳定,并尽量使热料仓大体均衡,不同级配混合料必须配置不同的筛孔组合。

6.3.9 间歇式拌和机宜备有保温性能好的成品储料仓,储存过程中温拌沥青混合料降温不得大于 10℃,且不能有沥青滴漏,温拌混合料只限当天使用。

6.3.10 生产添加纤维的温拌沥青混合料时,纤维必须在混合料中充分分散、拌和均匀。拌和机应配备同步添加装置,松散的絮状纤维可在喷入沥青的同时或稍后采用风送设备喷入拌和锅,拌和时间宜延长 5s 以上。

6.4 温拌沥青混合料的运输

6.4.1 温拌沥青混合料的运输与热拌沥青混合料运输要求基本相同,根据试验路段的铺筑情况,能满足到场温度要求即可。温拌沥青混合料的运输应按照现行《公路沥青路面施工技术规范》(JTG F40)对热拌沥青混合料运输的相关规定执行。

6.4.2 温拌沥青混合料出厂时应逐车检测混合料的重量和温度,记录出厂时间,签发运料单。

6.4.3 温拌沥青混合料宜采用较大吨位的运料车运输,但不得超载运输,或紧急制动、急弯掉头使透层、封层损伤。运料车的运力应稍有富余,施工过程中摊铺机前方应有运料车等候。宜待等候的运料车多于 4 辆后开始摊铺。

6.4.4 运料车每次使用前后必须清扫干净,在车厢板上涂一薄层防止沥青黏结的隔离剂或防黏剂,但不得有余液积聚在车厢底部。从拌和机向运料车上装料时,应多次挪动汽车位置,平衡装料,以减少混合料离析。运料车运输混合料应用篷布覆盖,保温、防雨、防污染。

6.4.5 运料车进入摊铺现场时,胶轮上不得沾有泥土等可能污染路面的脏物,否则宜到水池洗净胶轮后进入工程现场。沥青混合料在摊铺地点凭运料单接收,若混合料不符合施工温度要求,或已经结成团块、已遭雨淋的不得铺筑。

6.4.6 摊铺过程中运料车应在摊铺机前 10cm ~ 30cm 处停住,空挡等候,由摊铺机推动前进并缓缓卸料,避免撞击摊铺机。在有条件时,运料车可将混合料卸入转运车经二次拌和后向摊铺机连续均匀地供料。运料车每次卸料必须倒净,如有剩余应及时清除,防止硬结。

6.5 温拌沥青混合料的摊铺

6.5.1 温拌沥青混合料的摊铺应按照现行《公路沥青路面施工技术规范》(JTG F40)关于热拌沥青混合料摊铺的相关规定执行。

6.5.2 温拌沥青混合料应采用沥青摊铺机摊铺。摊铺机的受料斗应涂刷薄层隔离剂或防黏剂。

6.5.3 摊铺机开工时应提前 0.5h ~ 1h 预热,熨平板加热温度不低于 100℃。铺筑过程中熨平板的振捣或夯锤压实装置应具有适宜的振动频率和振幅,以提高路面的初始压实度。熨平板加宽连接应仔细调节至摊铺的混合料没有明显的离析痕迹。

6.5.4 摊铺机必须缓慢、均匀、连续不间断地摊铺,不得随意变换速度或中途停顿,以提高平整度,减少混合料的离析。摊铺速度宜控制在 2m/min ~ 3m/min 的范围内。发现混合料出现明显的离析、波浪、裂缝、拖痕时,应分析原因,予以消除。

6.5.5 摊铺机应采用自动找平方式,下面层或基层宜采用钢丝绳引导的高程控制方式,上面层宜采用平衡梁或雪橇式摊铺厚度控制方式,平衡梁宜采用非接触式。

6.5.6 温拌沥青混合料的松铺系数应根据混合料类型由试铺试压确定。摊铺过程中应随时检查摊铺层厚度及路拱、横坡。

6.5.7 用机械摊铺的混合料,不宜用人工反复修整。当不得不由人工局部找补或更换混合料时,需仔细进行,特别严重的缺陷应整层铲除。

6.5.8 在雨季铺筑温拌沥青路面时,应加强与气象台(站)的联系,合理安排施工,已摊铺的沥青层因遇雨未行压实的应予以铲除。

6.6 温拌沥青混合料的压实

6.6.1 压实成型的温拌沥青路面应符合现行《公路沥青路面施工技术规范》(JTG F40)关于压实度及平整度的技术要求。

6.6.2 温拌沥青混合料碾压工艺应根据温拌剂的种类、环境温度、运距等,结合试验路段适当调整,在总结经验的基础上综合确定。严禁盲目采用不切实际的施工工艺,否则容易产生推移、压实度不足等问题,影响路面使用质量。温拌沥青路面施工应配备足够数量的压路机,一般至少配备以下压实设备:12t 以上双钢轮振动压路机 2 台,25t 以上胶轮压路机 1 台。结合辽宁省温拌沥青混合料施工总结,温拌沥青混合料的碾压工艺组合宜按表 15 ~ 表 17 进行。

表 15 正常施工的碾压组合

组合类型	初压(遍数)		复压(遍数)		终压(遍数)	
	适宜	最大	适宜	最大	适宜	最大
钢轮	2 ~ 3(振压)	3(振压)	3 ~ 5(振压)	5	2 ~ 3(静压)	3
胶轮	—	—	4 ~ 5(胶轮)	6	—	—

表 16　低温施工的碾压组合

组合类型	初压(遍数)		复压(遍数)		终压(遍数)	
	适宜	最大	适宜	最大	适宜	最大
钢轮先型	1(振压)	—	5~6(胶轮)	7	2~3(钢轮静压)	3
胶轮先型	2~3(胶轮)	3	2~3(钢轮振压)	3	2~3(钢轮静压)	3

表 17　橡胶改性沥青混合料及 SMA 施工的碾压组合

组合类型	初压(遍数)		复压(遍数)		终压(遍数)	
	适宜	最大	适宜	最大	适宜	最大
钢轮	2~3(钢轮静压)	3	4(钢轮振压)	5	1~2(钢轮静压)	3
胶轮	—	—	3~4(胶轮)	4	—	—

6.6.3　压路机应以缓慢而均匀的速度碾压,压路机的碾压路线及碾压方向不应突然改变而导致混合料推移。碾压区的长度应大体稳定,两端的折返位置应随摊铺机前进而推进,横向不得在相同的断面上。

6.6.4　压路机的碾压温度应符合本规范表 13 的要求,并根据混合料种类、压路机型号、气温、层厚等情况经试压确定。在不产生严重推移和裂缝的前提下,初压、复压、终压都应在尽可能高的温度下进行。同时不得在低温状况下反复碾压,使石料棱角磨损、压碎,破坏集料嵌挤。

6.6.5　碾压轮在碾压过程中应保持清洁,有混合料黏轮应立即清除。对钢轮可涂刷隔离剂或防黏剂,但严禁使用柴油。当采用向碾压轮喷水(可添加少量表面活性剂)的方式时,以不黏轮为原则。必须严格控制喷水量且成雾状,不得形成慢流,以防止混合料降温过快。胶轮压路机开始碾压阶段,可适当涂刷少量隔离剂或防黏剂。胶轮压路机胶轮外围宜加设围裙保温。

6.6.6　压路机不得在未碾压成型路段上转向、掉头、加水或停留。在当天成型的路面上,不得停放各种机械设备或车辆,不得散落矿料、油料等杂物。

6.7　接缝、开放交通

6.7.1　温拌沥青混合料路面纵向接缝施工中,应特别注意混合料碾压时温度的要求,纵接缝施工时温拌沥青混合料温度宜取允许范围上限,熨平板加热温度应满足本规范要求,施工碾压速度要快,应控制在混合料温度降至 70℃前完成接缝处碾压工作。

6.7.2　温拌沥青混合料路面开放交通宜待摊铺层完全自然冷却,混合料表面温度低于 50℃后,可限时限速开放交通,严禁重载、超载车辆通行,车速不得超过 40km/h。

6.7.3　温拌沥青混合料路面施工的接缝、开放交通的其他要求应满足现行《公路沥青路面施工技术规范》(JTG F40)的相关技术要求。

7　施工质量管理与验收

7.1　施工前的材料与设备检查

7.1.1　施工前各种材料的来源和质量,材料试样的取样数量与检验频度,对沥青拌和站、摊铺机、压路机等各种施工机械和设备的检验均应按照现行《公路沥青路面施工技术规范》(JTG F40)的质量要求进行。

7.1.2 液体温拌添加剂必须在密闭容器中避光保存。

7.1.3 温拌沥青混合料检验内容与方法应按照表18的要求进行。

表18 温拌沥青混合料检验频度和质量要求

<table>
<tr><th colspan="2">项 目</th><th>检验频度及单点检验评价方法</th><th>质量要求或允许偏差</th></tr>
<tr><td colspan="2">混合料外观</td><td>随时</td><td>观察集料粗细、均匀性、离析、油石比、色泽、冒烟、有无花白料、油团等各种现象</td></tr>
<tr><td rowspan="3">拌和温度</td><td>沥青、集料的加热温度</td><td>逐车检测评定</td><td>符合本规范规定</td></tr>
<tr><td rowspan="2">混合料出厂温度</td><td>逐车检测评定</td><td>符合本规范规定</td></tr>
<tr><td>逐盘测量记录,每天取平均值评定</td><td>符合本规范规定</td></tr>
<tr><td rowspan="9">矿料级配（筛孔）</td><td>0.075mm</td><td rowspan="3">逐盘在线检测</td><td>±2%（2%）</td></tr>
<tr><td>≤2.36mm</td><td>±5%（4%）</td></tr>
<tr><td>≥4.75mm</td><td>±6%（5%）</td></tr>
<tr><td>0.075mm</td><td rowspan="3">逐盘检查,每天汇总1次,取平均值评定</td><td>±1%</td></tr>
<tr><td>≤2.36mm</td><td>±2%</td></tr>
<tr><td>≥4.75mm</td><td>±2%</td></tr>
<tr><td>0.075mm</td><td rowspan="3">每台拌和机每天1~2次,以2个试样的平均值评定</td><td>±2%（2%）</td></tr>
<tr><td>≤2.36mm</td><td>±5%（3%）</td></tr>
<tr><td>≥4.75mm</td><td>±6%（4%）</td></tr>
<tr><td colspan="2" rowspan="3">沥青用量（油石比）</td><td>逐盘在线检测</td><td>±0.3%</td></tr>
<tr><td>逐盘检查,每天汇总1次,取平均值评定</td><td>±0.1%</td></tr>
<tr><td>每台拌和机每天1~2次,以2个试样的平均值评定</td><td>±0.3%</td></tr>
<tr><td colspan="2">马歇尔试验:空隙率、稳定度、流值</td><td>每台拌和机每天1~2次,以4~6个试件的平均值评定</td><td>符合本规范规定</td></tr>
<tr><td colspan="2">浸水马歇尔试验</td><td>必要时（试件数同马歇尔试验）</td><td>符合本规范规定</td></tr>
<tr><td colspan="2">车辙试验</td><td>必要时（以3个试件的平均值评定）</td><td>符合本规范规定</td></tr>
<tr><td colspan="4">注:括号内的数字是对WSMA、WUTFC的要求。</td></tr>
</table>

7.2 试验路段的铺筑

7.2.1 温拌沥青混合料路面在施工前应铺筑试验段。

7.2.2 试验段的长度应根据试验目的确定,通常宜为100m~200m,宜选在主线上铺筑。

7.2.3 温拌沥青混合料路面试验段铺筑分试拌和试铺两个阶段,应包括下列试验内容:

a) 检验各种施工机械的类型、数量及组合方式是否匹配;

b) 通过试拌确定拌和机的拌和工艺;

c) 通过试铺确定摊铺、压实工艺,确定松铺系数等;

d) 验证温拌沥青混合料生产配合比设计,验证生产用的标准配合比和最佳沥青用量等;

e) 检测试验段的渗水情况。

7.2.4 试验段铺筑应由有关各方共同参加,及时商定有关事项,明确试验结论。铺筑结束后,施工单位应就各项试验内容提出完整的试验路施工、检测报告,取得业主或监理的批复。

7.3 施工质量管理与验收

7.3.1 对于温拌沥青混合料应特别重视材料质量、施工温度和压实工序的管理,使混合料充分压实,切忌片面追求平整度而降低压实温度。

7.3.2 温拌沥青混合料铺筑过程中必须随时对铺筑质量进行评定,质量检测的内容、频度、允许差应符合现行《公路沥青路面施工技术规范》(JTG F40)的规定。

7.3.3 温拌沥青混合料路面的压实度和空隙率宜采用钻芯取样的方式检查。建议的检查频率为:一次摊铺碾压施工的全幅或半幅路面每公里取2~4个芯样。施工质量稳定时取低值,施工质量不稳定时取高值。

7.3.4 在成型后的路面上应测定渗水系数、构造深度,其检测方法应符合现行《公路路基路面现场测试规程》(JTG E60)的规定。

7.3.5 随机取样检测工地混合料的级配和油石比,必须严格检查温拌添加剂的使用量。温拌沥青混合料的级配和油石比允许偏差应满足表19的要求。抽检混合料的级配和油石比满足表19的要求时,可不对拌和站各生产参数进行调整。反之,应查找原因,调整生产,使其满足要求。

表19 混合料级配和油石比允许偏差

项目	规格(mm)	允许偏差(%)
矿料级配	≥9.5	±3
	4.75	±2
	0.15~2.36	±2
	0.075	±2
油石比		±0.2

7.3.6 温拌沥青混合料施工过程中,应每天进行马歇尔试验,计算空隙率等技术指标。指标异常时,应及时查找原因。

7.3.7 温拌沥青混合料路面施工过程中质量控制标准应按照现行《公路沥青路面施工技术规范》(JTG F40)有关要求进行。

7.3.8 温拌沥青混合料路面交工检查与验收质量标准应严格按照表20进行。

表20 温拌沥青混合料路面交工检查与验收质量标准

检查项目	规定值或允许偏差		检测频率	试验方法
	高速公路 一级公路	其他公路		
外观	表面平整,无油斑、轮迹,且无明显离析		随时	目测
压实度(%)	试验室标准密度的96%(*98%) 理论最大密度的92%(*94%) 试验段密度的98%(*99%)		每200m测1处	T 0924

表 20(续)

<table>
<tr><th colspan="2" rowspan="2">检 查 项 目</th><th colspan="2">规定值或允许偏差</th><th rowspan="2">检 测 频 率</th><th rowspan="2">试 验 方 法</th></tr>
<tr><th>高速公路
一级公路</th><th>其他公路</th></tr>
<tr><td rowspan="3">平整度</td><td>σ(mm)</td><td>≤1.2</td><td>≤2.5</td><td rowspan="2">全线每车道连续每 100m 计算 1 次 σ 或 IRI</td><td>T 0932</td></tr>
<tr><td>IRI(m/km)</td><td>≤2.0</td><td>≤4.2</td><td>T 0933</td></tr>
<tr><td>最大间隙(mm)</td><td>—</td><td>≤5</td><td>3m 直尺:每 200m 测 2 尺×10 尺</td><td>T 0931</td></tr>
<tr><td rowspan="2">弯沉值(0.01mm)</td><td>回弹弯沉</td><td colspan="2" rowspan="2">符合设计对交工验收的要求</td><td>每 20m 测 1 点</td><td>T 0951</td></tr>
<tr><td>总弯沉</td><td>每 5m 测 1 点</td><td>T 0952</td></tr>
<tr><td colspan="2">渗水系数(mL/min)</td><td>≤80</td><td>—</td><td>渗水试验仪:每 200m 测 1 处</td><td>T 0971</td></tr>
<tr><td rowspan="2">抗滑性能</td><td>摩擦系数</td><td rowspan="2">符合设计要求</td><td rowspan="2">—</td><td>摆式仪:每 200m 测 1 处
横向力测试车:全线连续</td><td>T 0964
T 0965</td></tr>
<tr><td>构造深度</td><td>铺砂法:每 200m 测 1 处</td><td>T 0961
T 0962</td></tr>
<tr><td rowspan="2">厚度</td><td>代表值</td><td>总厚度:−5% H
上面层:−10% h</td><td>−8% H</td><td rowspan="2">双车道每 200m 测 1 处</td><td>T 0912</td></tr>
<tr><td>合格值</td><td>总厚度:−10% H
上面层:−20% h</td><td>−15% H</td><td>T 0912</td></tr>
<tr><td colspan="2">中线偏位(mm)</td><td>20</td><td>30</td><td>经纬仪:每 200m 测 4 点</td><td>T 0911</td></tr>
<tr><td colspan="2">纵断面高程(mm)</td><td>±15</td><td>±20</td><td>水准仪:每 200m 测 4 个断面</td><td>T 0911</td></tr>
<tr><td rowspan="2">宽度(mm)</td><td>有侧石</td><td>±20</td><td>±30</td><td rowspan="2">尺量:每 200m 测 4 个断面</td><td>T 0911</td></tr>
<tr><td>无侧石</td><td colspan="2">不小于设计宽度</td><td>T 0911</td></tr>
<tr><td colspan="2">横坡度(%)</td><td>±0.3</td><td>±0.5</td><td>水准仪:每 200m 测 4 个断面</td><td>T 0911</td></tr>
<tr><td colspan="6">注 1:表中压实度可选用其中的 1 个或 2 个标准评定;选用 2 个评定时,以合格率低的作为评定结果。带 * 号者是指 WSMA、WUTFC 路面。
注 2:表中厚度仅规定负允许偏差。H 为沥青层设计总厚度(mm),h 为沥青上面层设计厚度(mm)。</td></tr>
</table>

附　录　A
表面活性温拌添加剂检测方法

温拌添加剂是沥青混合料实现温拌施工的关键要素，在混合料拌和过程中，它可以在胶结料内部形成特殊的润滑结构，在不影响沥青对石料裹覆的前提下，确保混合料可以在较低的温度下被压实。为了确保温拌添加剂的活性和效果，宜按照以下方法完成各项测试。

A.1　溶解度的测定

a）称取 7.5g 温拌添加剂原液加入到 100g 洁净水中，搅拌 3min；

b）目测观察温拌剂水溶液是否混合均匀，有无沉淀物或悬浮物。

A.2　pH 值的测定

pH 值是指添加剂溶液的酸碱度，它是一个表征表面活性剂活性特性的指标。测试方法如下：

a）采用 pH 计进行 pH 值的测试。pH 计宜带有温度补偿功能。pH 计在使用前必须经过标定，确保 pH 计正常工作。

b）温拌添加剂取样时应先充分搅拌，以确保取样均匀。

c）测试 pH 值时温拌添加剂样品的温度为 25℃ ±0.5℃，并在测试过程中保持适度搅拌。

d）由于添加剂的缓释效应，pH 计读数以能稳定保持时间不小于 0.5min 的数值作为最终的 pH 值。

A.3　固含量的测定

固含量是指添加剂去除可挥发成分后的含量，表征有效成分在混合料的最终残留量。测试方法如下：

a）常温下称取 20g ±0.02g 温拌添加剂，记录试样质量 m，放入洁净的 1 000mL 烧杯中，记录温拌添加剂与烧杯的总质量 m_1。

b）将盛有温拌添加剂的烧杯在 110℃烘箱中，恒温放置 5h 以上，烘干至恒重后取出，待冷却至室温后记录其总质量 m_2。

固含量 R 的计算见式（A.1）。

$$R = \frac{20 - (m_1 - m_2)}{20} \times 100\% \tag{A.1}$$

式中：R——固含量，%；

m_1——添加剂与烧杯的总质量，g；

m_2——烧杯与固体总质量，g。

A.4　胺值的测定

胺值是表面活性添加剂常用特定（活性）的成分性指标，通过检测胺值，可用于确定表面活性添加剂的活性。测试仪器和方法如下。

A.4.1　化学试剂和设备：

a）异丙醇；

b）0.5mol/L 的标准盐酸溶液；

c）天平，精确度 0.001g；

d） 烧杯,250mL;

e） 磁力搅拌器;

f） 50mL 滴定管,精确度 0.1mL;

g） 蒸馏水、纯净水;

h） 精密 pH 计。

A.4.2 试验步骤:

a） 取适量添加剂样品(H 型一般取 28g ~ 30g,M 型一般取 2g ~ 3g)加入到烧杯中,同时记录样品实际质量 S_a,精确度为 0.01g;

b） 向烧杯中加入 90g ± 3g 异丙醇的水溶液(异丙醇∶蒸馏水质量比 =75∶25);

c） 放入磁力搅拌转子,将烧杯放置于磁力搅拌器上,搅拌至充分溶解;

d） 用 pH =7 和 pH =4 的标准溶液,标定 pH 计;

e） 往滴定管里(50mL,精确度 0.1mL)加入 0.5mol/L 标准盐酸,并记录体积;

f） 将 pH 电极头放入溶液中,缓慢地往烧杯里滴定加入 0.5mol/L 标准盐酸,同时观测 pH 计显示读数;

g） 当读数接近 7.5 时,逐滴加入标准盐酸,直到使 pH 值达到 7.5 并保持稳定,记下此时滴管的刻度;继续加入盐酸,当读数接近 3.5 时,逐滴加入标准盐酸,直到使 pH 值稳定为 3.48 ~ 3.52;

h） 记录终点的滴管读数,滴定 pH 值为 7.5 时的读数减去结束时读数即为标准盐酸的用量 V_a。

A.4.3 胺值的计算见式(A.2),胺值单位为 mg/g。

$$胺值 = \frac{V_a \times N \times 56.1}{S_a \times R} \tag{A.2}$$

式中:N——盐酸标准溶液的摩尔浓度,mol/L;

V_a——滴定消耗的盐酸体积,mL;

S_a——实际添加的添加剂样品量,g;

R——添加剂固含量,H 型取实测固含量,M 型固含量值取为 1。

附　录　B

表面活性型温拌沥青混合料设计方法

B.1　一般规定

B.1.1　温拌沥青混合料的设计应按照现行《公路沥青路面施工技术规范》(JTG F40)规定的马歇尔体积设计法进行。

B.1.2　马歇尔试验的稳定度和流值,仅作为配合比设计的参考性指标,动稳定度、水稳性等性能指标是判断沥青混合料的关键指标。

B.2　温拌沥青混合料的室内拌和

B.2.1　溶液直投型(H 型)温拌混合料拌和程序如下:

a)　将预热好的石料倒入拌和锅,拌和锅需提前预热至拌和温度(按温拌沥青混合料拌和温度设定),进行干拌。石料加热温度应比出料温度高 10℃ ~20℃;

b)　用拌铲将干拌后的石料拉成一斜面,露出拌锅底部,将热沥青(温度与热拌相同)倒入拌和锅底部,同时将预先称量好的温拌添加剂倒入拌和锅中沥青液面上,尽量避免倒在石料上;

c)　开始拌和,拌和时间为 1min ~1.5min;

d)　略微升起搅拌桨,倒入矿粉(不加热),再次搅拌(一般不超过 1min),完成混合料室内拌和。

B.2.2　沥青添加剂(M 型)温拌沥青混合料拌和程序如下:

a)　将沥青预热至拌和温度,计算 M 型温拌添加剂的添加量,准确称量后,在搅拌状态下缓慢将温拌添加剂倒入沥青中,然后搅拌约 10min,维持加热温度备用;

b)　将预热好的石料倒入拌和锅,拌和锅需提前预热至拌和温度,进行干拌。石料加热温度应比出料温度高 5℃ ~10℃;

c)　按照同类型的热拌沥青混合料的试验流程完成温拌沥青混合料的拌和过程。

B.3　温拌沥青混合料的成型

B.3.1　混合料在规定的击实温度条件下保温 2h 后成型。

B.3.2　成型方法宜采用马歇尔击实仪,也可采用具有揉搓作用的旋转压实仪。

B.4　温拌沥青混合料最佳沥青用量

最佳沥青用量的确定方法,应按照现行《公路沥青路面施工技术规范》(JTG F40)的规定进行。通常情况下,在确定最佳沥青用量后,宜对该沥青用量下温拌沥青混合料和热拌沥青混合料的体积参数进行复核试验。在同样配比条件下,两者的空隙率差异一般不得超过 0.5%。

本规范用词说明

为了准确地掌握规范,对执行规范严格程度的用词作如下规定:

1) 表示很严格,非这样做不可的用词:

正面词采用“必须”,反面词采用“严禁”。

2) 表示严格,在正常情况均应这样做的用词:

正面词采用“应”,反面词采用“不应”或“不得”。

3) 表示允许稍有选择,在条件许可时首先应这样做的用词:

正面词采用“宜”,反面词采用“不宜”。

4) 表示有选择,在一定条件下可以这样做的,采用“可”。

附件

《辽宁省温拌沥青混合料设计与施工技术规范》

（DB 21/T 2999—2018）

条 文 说 明

引　言

温拌沥青混合料技术在辽宁省公路建设、养护中已应用多年,取得了良好的社会效益、经济效益和环境效益,在提高沥青路面路用性能、节能减排、环保等方面起到了重要作用。但辽宁省气候、水文、地质等自然条件差异明显,各地区建筑材料、设计及施工能力、经济等诸多因素存在较大的差异,使得温拌沥青混合料技术在各地的应用效果良莠不齐。编制本规范的目的,就是为了更好地规范和指导温拌沥青混合料的设计与施工,保证其路面施工质量,使其能够更好地服务于公路建设、公路养护。

此处规定的最低施工环境温度,只要工艺和指标满足本规范要求,最低施工环境温度可适当降低,但必须在室内试验研究基础上,确保混合料性能和现场压实度满足要求后实施。同时,为保证施工质量,建议在低温施工时,其气温处于逐渐升高时期,不宜选择气温逐渐降低时期。

1 范围

本规范是在总结吸收辽宁省温拌技术研究成果和实体工程应用的基础上进行编制的。鉴于辽宁省大面积推广应用的温拌技术为表面活性技术,其他温拌技术仅处于试验段期间,对一些温拌沥青混合料技术性能指标的提出缺乏足够的数据支撑,为保证本规范的合理、可靠性,故将本规范定性为适用于基于表面活性原理实现的温拌技术。待其他温拌技术大面积推广应用后,可在后续规范修订时补充。

温拌沥青混合料技术的应用已经覆盖了绝大多数沥青混合料的应用领域,各种胶结料类型、级配类型、不同的石料类型均有所涉及。温拌沥青混合料技术一个主要的应用方向是低温施工、延长施工季节、延长混合料运距、减少对环境的污染,特别适合高原寒冷地区使用。为了更好地规范和指导温拌沥青混合料的设计及施工,保证采用温拌技术施工的沥青路面质量,编制组在总结现有应用及研究成果的基础上,参考国内外有关成果,编制了本规范。

2 规范性引用文件

本规范规定了温拌沥青混合料的材料要求、配合比设计、施工工艺及质量验收要求等,并不包括沥青路面结构设计等方面的内容。有关沥青路面结构设计等方面的内容,仍应按照现行《公路沥青路面设计规范》(JTG D50)和《公路沥青路面施工技术规范》(JTG F40)的规定执行。因为温拌沥青混合料技术只是在添加材料、混合料设计方法及混合料拌和工艺等方面的创新,温拌沥青混合料的路用性能等同于热拌沥青混合料。因此温拌沥青混合料的应用除应按照本规范的专门规定外,其他要求与热拌沥青混合料一样,应按照相应技术规范、标准的有关规定执行。对于尚未实践过的温拌技术所采用的指标可参照现行《公路沥青路面施工技术规范》(JTG F40)的有关规定执行。本规范鼓励采用经过试验以及实践证明行之有效的温拌新技术、新材料或新工艺。

3 术语和定义、符号及代号

3.1.1 本条给出了温拌沥青混合料的定义,可见,温拌沥青混合料主要是一个工艺性技术,降低沥青路面施工温度是该技术的主要目的,同时最大限度减轻其对沥青路面材料物理、化学性状的影响。

温拌沥青混合料技术起源于欧洲,于2000年的国际沥青路面大会上由Harrison和Christodulaki首次进行交流。同年,在《欧洲沥青》上Koenders等人做了更为详细的报道。近几年来,全球温拌技术进入快速发展时期,新技术层出不穷,按照其工作机理,温拌技术可以归入四类主要技术类型:

①沥青-矿物法(Aspha-Min):该方法是采用一种粉末状的合成沸石(Aspha-Min),在沥青混合料拌和过程中将其加入,沸石释放的微量水使沥青发生连续的微发泡反应,泡沫和微量水起到润滑作用使混合料在较低温下具有良好的工作性,拌和温度可低至130℃~145℃。实际上Aspha-Min是一种含有18%左右结合水的硅酸铝矿物,其会在85℃~182℃的温度范围时将水分慢慢释放出来。Eurovia公司推荐的Aspha-Min添加量为沥青混合料质量的0.3%,可使沥青混合料的拌和温度降低15℃。研究表明,该方法可以节约30%的能源消耗。

②泡沫沥青法(WAM-Foam):该方法是将软质沥青和硬质泡沫沥青在拌和的两个不同阶段加入到混合料中。第一阶段是将130℃~140℃的软质沥青(针入度大于200)加入到温度为110℃~120℃的集料中进行拌和以达到良好裹覆。第二阶段,将160℃~180℃的硬质沥青(针入度小于50)泡沫化后加入到预裹覆的集料中。由于软质沥青和泡沫化的硬质沥青都具有较低黏度从而实现了良好的拌和工作性,最终得到满足需要的沥青混合料。

③有机添加剂法：该方法是将较低熔点的有机添加剂加入到沥青或沥青混合料中，从而降低沥青胶结料的黏度。目前成功应用的以 Sasobit 合成蜡为主。Sasobit 为细粒结晶长链脂肪族碳氢化合物，Sasobit 的熔点接近 100℃，会在 116℃的时候完全溶于沥青胶结料中，液态的 Sasobit 起润滑作用，从而使沥青混合料的拌和温度降低 10℃ ~30℃。Sasobit 在熔点以下时会在沥青胶结料中形成一种网格状结构，因此可提高沥青混合料的抗车辙性能。一般 Sasobit 用量为沥青质量的 3%，但不能高于 4%，以防止降低沥青胶结料的低温性能。

④表面活性法：在美国称为 Evotherm 温拌技术，该方法是通过在间歇式拌和缸内按一定比例喷入表面活性添加剂。添加剂与热沥青在拌和过程中共同作用，借助拌和过程实现均匀分散。添加剂富集于微量水和沥青的界面间，暂时性在胶结料内部形成润滑结构，且不受温度影响。当温度下降时，润滑作用能够很大程度抵消沥青黏度增大的作用，从而实现温拌。在压实完成后，表面活性剂会向石料与沥青界面转移，具有一定的抗剥落效果。在保证混合料性能达到热拌沥青混合料的同时，将拌和温度降至 110℃ ~130℃。

3.1.5、3.1.6 这两条规定了常温施工和低温施工温度界定范围。实际上，不同时间段满足这个温度效果是不一样的。由冬季进入春季天气逐渐转暖，这时候的 5℃施工后沥青混合料可压实性能更好；而由秋季进入冬季天气逐渐变冷，此时的 5℃施工后沥青混合料可压实性能就不容易控制，此时应做到“快运、快铺、快压”，甚至单独进行方案设计、论证后方可实施。所以，在温拌沥青混合料施工过程中，应严格控制施工时间和环境温度，保证路用性能。

3.1.7 目前，通过表面活性剂法和泡沫沥青法来实现热拌沥青混合料的温拌施工是国内外常用的方法。鉴于辽宁省温拌沥青混合料技术的应用情况，大面积推广应用的温拌技术主要是采用表面活性技术，而泡沫沥青暂处于中试阶段，故本规范仅就表面活性温拌技术给出了定义。

表面活性技术平台典型代表为美国 Meadwestvac 公司的三代产品，第一代：高浓度乳化沥青油包水结构类；第二代：表面活性水溶液类；第三代：无水型表面活性剂类。

(1)第一代温拌剂——乳化沥青

2003 年，作为全球主要的乳化剂供应商，美国 Meadwestvac 公司基于表面活性技术平台开发了 Evotherm。2003 年 11 月该技术首次在南非实施试验段。此后，该技术在全球不断积累应用经验的基础上，经过了 1 次工艺革新，2 次产品升级，技术趋于成熟。2007 年底开始，技术应用全面转入规模化阶段。此时，采用了直投式添加模式。即直接用添加剂配制一定浓度的乳化剂水溶液，在沥青和集料拌和过程中喷入该溶液(添加剂通过简易的独立系统送入拌和锅)，经充分搅拌后生产温拌混合料。直投式的采用，极大地增大了添加剂供应的便利性，同时由于引入的水量仅相当于乳化沥青模式的 10% ~20%，节能效果更加明显，且对设备和材料有较好的适应性，使得 Evotherm 与现有沥青混合料技术体系实现了无缝对接。Evotherm 的混合料施工温度较同类型热拌沥青混合料降低 30℃ ~60℃，但乳化沥青模式的添加剂要求乳化能力强，需要调配强酸强碱，无法很好兼顾添加剂水溶液的稳定性，沥青对石料裹覆、黏结等工程特性。

(2)第二代温拌剂——DAT

直投式添加方式采用后不久，添加剂即升级为稳定中性水溶性型即 DAT，完全解决了直投式添加剂的稳定性问题。该添加剂能够在沥青混合料拌和过程中，在混合料内部充分分散，并形成内部水膜润滑结构，在基本不改变胶结料本身物理和化学特性的前提下，实现沥青混合料施工温度的降低。

(3)第三代温拌剂——M-1

M-1 温拌添加剂是基于表面活性平台的第三代温拌剂，为深黄褐色黏稠状液体，直接添加至沥青中，用于降低沥青混合料的工作温度，适用于不同类型的沥青混合料，相比同类型的热拌沥青混合料，温度降低可达 30℃ ~60℃。拌和过程中，在机械拌和力的作用下，M-1 型温拌剂俘获混合料及空气中极为微量的水分，从而在沥青内部形成大量结构性润滑结构。该润滑结构在拌和过程中将避免沥青胶结料的团聚效应，能够显著增强沥青混合料在较低温度时的拌和工作性。压实时，在钢轮压路机的振动碾压和胶轮压路机的揉搓碾压作用下，润滑作用得到最大程度的发挥，集料位置调整和骨架结构更易于形成，保证压实效果。压实终了时，在机械撕扯力以及环境因素的作用下，胶团润滑结构逐渐散失，其中的表面活性类化学物质发生界面转移，转移至沥青与集料交界面上，形成化学锚固结构，加强集料与沥青胶结料的黏结性能。

3.2 符号及代号

超薄磨耗层指采用专用机械将间断级配的热拌沥青混合料直接铺筑在喷洒的改性乳化沥青黏结层上，厚度一般为15mm～25mm，可快速开发交通的薄层沥青路面结构，是预防性养护技术的一种。

Superpave 译为高性能沥青路面，SHRP 是美国战略公路研究计划的简称。Superpave 是 SHRP 沥青课题研究的一个重要成果，旨在建立一个全新的沥青和沥青混合料规范、试验和设计方法，由胶结料（PG 分级）规范、混合料设计体系和分析方法等部分组成。

4 材料要求

4.1 一般规定

4.1.1 在沥青路面建设过程中，材料起着至关重要的作用。有些新建高速公路沥青路面出现早期损坏，材料问题是其重要的原因。因此，这里特别强调要把好材料关，应以试验为依据，严格控制质量，防止因使用不符合要求的材料而造成损失的情况发生。

4.2 沥青

4.2.1 用于制备温拌沥青的温拌添加剂应和基质沥青有良好的配伍性。供应商在提交温拌沥青混合料的质量报告时，应同时提供制备温拌沥青的基质沥青的质量检验报告或沥青样品。

4.2.2 当使用表2所列以外的聚合物以及复合改性沥青时，其主要技术指标也应满足本规范的技术要求，有些指标与现行规范相比有所提高。

4.3 集料

4.3.1 温拌沥青混合料所用集料较热拌沥青混合料没有更高技术要求，其粗、细集料、填料性能指标参照现行《公路沥青路面施工技术规范》（JTG F40）的有关技术要求即可。

4.3.2 高速公路和一级公路温拌沥青混合料中细集料宜采用机制砂，且宜将0mm～3mm 细集料和3mm～5mm 粗集料组合使用。

4.3.3 采用表面活性型温拌技术时，添加剂本身具有增强黏结力作用，一般不需要再添加抗剥落剂，若需要添加抗剥落剂优先采用熟石灰粉。

4.4 其他材料

4.4.1 生产温拌沥青混合料过程中，需要添加纤维稳定剂时，掺量不宜过多。因为温拌条件下沥青的流动性显著降低，过多纤维对工作性不利，根据沥青混合料设计的结果，可酌情减少纤维用量。另一方面，当采用有机纤维时，随着纤维品种的不同，在温拌条件下的热熔变化与热拌条件相比可能会有明显的不同，这也会影响纤维吸附沥青和加筋的作用。总之，温拌沥青混合料添加纤维时，纤维用量宜低于热拌沥青混合料的用量，一般情况下，可能会减半使用，应根据具体试验特别是析漏和动稳定度来确定。

4.5 温拌添加剂

4.5.2 本规范所用温拌添加剂为表面活性剂类，能够在沥青混合料拌和过程中，在混合料内部充分分散,并形成内部水膜润滑结构,在基本不改变胶结料本身物理和化学特性的前提下,实现沥青混合料温拌效果。表面活性温拌添加剂主要分溶液直投型(H 型)和沥青添加型(M 型)两种类型。

5 配合比设计

5.1 一般规定

5.1.2 温拌沥青混合料的配合比应采用三阶段设计方法,即目标配合比、生产配合比和试拌试铺阶段。该方法是实践证明的十分重要的配合比设计方法。在实践过程中,有三种错误的倾向必须引起注意:

①重视目标配合比设计,但在料堆取样时缺乏代表性,其实际配合比结果与设计配合比结果不一致。

②认为目标配合比设计没有意义,直接进行生产配合比设计,认为控制了热料仓的进料比例,即保证混合料配合比的稳定。

上述两种做法都不能有效控制配合比的稳定,无法做到设计配合比和生产配合比的有效一致性。

③不重视试拌试铺阶段,认为试拌试铺主要是检验施工工艺。而实际上沥青路面的试拌试铺阶段是检验配合比设计是否合理的重要环节,通过试拌试铺阶段及时验证调整混合料配合比,可避免大面积施工时出现质量问题。

因此,三阶段配合比设计是一个完整的整体,通过三阶段设计找到材料、性能、经济各方面都满足要求的平衡点,得出标准配合比。配合比应取得监理、业主的批准,方可在生产中使用。

5.1.3 结合辽宁省温拌技术应用的实际情况,其主要应用于沥青路面工程中,故本规范给出的级配类型主要为沥青面层的温拌级配类型。温拌沥青混合料面层的集料最大粒径宜从上至下逐渐增大,并应与厚度相匹配。对密级配沥青混合料各层的压实厚度不宜小于集料公称最大粒径的 2.5 ~3 倍,对 WSMA 等嵌挤型混合料不宜小于公称最大粒径的 2 ~2.5 倍,以减少离析,便于压实。

5.1.4 温拌沥青混合料配合比设计方法以马歇尔体积设计方法为主,当采用其他方法设计时,应进行马歇尔试验及各项配合比设计检验,并报告不同设计方法的试验结果。二级公路宜参照一级公路的技术要求执行,长大坡度的路段宜参照重载交通路段的技术要求执行。

5.2 目标配合比设计

5.2.2 WSMA 级配范围与热拌沥青玛蹄脂碎石混合料相同。与热拌相比,由于油膜自身黏度上升,对纤维等稳定材料的需求降低。温拌技术的采用会使油膜稳定性增加、级配纵向分布更均匀。因此,在满足基本性能要求的基础上,可适度降低对沥青的黏度要求。

5.2.4 本规范给出了温拌密级配沥青混合料(WAC)、间断级配超薄磨耗层(WUTFC)和温拌沥青玛蹄脂碎石混合料(WSMA)技术检验指标。在检验指标中,对于密级配指标考虑了基质沥青和改性沥青两方面。主要是基于温拌技术的适用性,在降低温度情况下保证混合料性能,胶结料采用什么并不影响使用效果。对于沥青玛蹄脂碎石混合料(SMA),目前辽宁省均使用改性沥青,故本规范也仅给出改性 WSMA 的检验指标。

5.3 生产配合比设计与验证

生产配合比验证阶段。拌和机按生产配合比结果进行试拌、铺筑试验段,并取样进行马歇尔试验,同时从路上钻取芯样观察空隙率的大小,由此确定生产用的标准配合比。标准配合比的矿料合成级配中,至少应包括 0.075mm、2.36mm、4.75mm 及公称最大粒径筛孔的通过率接近优选的工程设计级配范围的中值,并避免 0.3mm ~0.6mm 出现“驼峰”,对确定的标准配合比,宜再次进行车辙动稳定度、低温弯曲破坏应变和残留稳定度检验。

6 施工工艺

6.1 一般规定

6.1.1 与热拌沥青混合料相比，生产温拌沥青混合料过程中需添加一种温拌剂或一道温拌工序，但两者的施工工艺基本相同，不需要增加新的生产和施工设备。

6.1.2 现有的下承层表面应干燥、清洁，且无任何松散的石料、灰尘与杂物。沥青路面的层间污染，沥青层不成整体是沥青层早期损坏的重要原因。温拌沥青层的铺筑宜在下承层施工完毕后的合理时间内进行连续施工，在没有特殊情况下，最好在一年内施工完毕，包括强化黏层油都是为了解决层间黏结的问题。对采用温拌沥青混合料进行铣刨后罩面或直接罩面的工程，尤其要注重铣刨面或原有沥青路面的界面处理工作，喷洒透层或黏层油，保证层间黏结良好。

6.2 施工温度

6.2.1 施工温度是常规沥青路面施工的重要参数，更是温拌沥青混合料的关键指标之一，直接反映温拌沥青混合料的经济效益与环境效益。工程实践中，较难测得采用表面活性温拌技术后的沥青黏温曲线，因此温拌沥青混合料的施工温度不应直接按照黏温曲线确定，可通过室内试验绘制温拌沥青混合料不同温度、不同空隙率关系曲线确定，并结合试验段的反馈结果，确定各个施工节点的控制温度，缺乏室内试验数据时，可参照表 13 执行。

根据热力学计算结果表明：生产温拌沥青混合料时，在其石料加热温度下，空隙内部水蒸发速度为热拌石料加热条件下的 80% 左右。考虑到温拌沥青混合料开始拌和阶段温度需要调整，为保证质量，每天施工开始阶段宜采用较高温度的混合料。

多数温拌工艺是不可逆的，当混合料冷却后，即使再加热到温拌的温度，也不再具有温拌的工作性。为确保在温拌混合料状态完成成型，规定了较大的样本取样，同时，规定了降温不宜超过 10℃，降温超过 20℃应当废弃。即使如此，运送和分样过程中，不可避免会产生温度离析，需要在成型前先做恒温条件处理。在恒温过程中，需要保证混合料有一定的厚度，避免在恒温过程中润滑结构过度损失。对于无法保证如上条件的样品，应采用热拌温度条件成型标准密度试件。

6.2.2 沥青混合料只有在一定的温度范围内才具备施工工作性。碾压需要一定时间才能完成。因此，摊铺面温度的下降速度，决定了混合料是否有足够的时间来完成压实。摊铺层厚度、摊铺温度与气温（直接的反映为下承层的温度）的差异是决定摊铺面温度下降速率的主要因素。因此，现行《公路沥青路面施工技术规范》（JTG F40）以厚度和下承层的表面温度为依据，规定了普通沥青和改性沥青混合料的最低摊铺温度（参见表 14）。现行《公路沥青路面施工技术规范》（JTG F40）中并没有包括厚度 4cm 以下薄层和 2.5cm 以下超薄磨耗层，小于 5cm 实际上主要指 4cm ~ 5cm。对于高等级沥青路面，4cm ~ 5cm 的改性沥青面层通常规定在 10℃以下不宜施工。表 14 中“不允许”的厚度和下承层表面温度组合以外的条件下进行的温拌混合料施工，称为正常施工。另外，由于风力是另一个显著影响摊铺面降温速度的因素，一般规定，寒冷季节遇大风降温天气不得进行混合料摊铺施工。

6.3 温拌沥青混合料的拌和

6.3.4 温拌沥青混合料拌和（H 型温拌剂）需要安装温拌剂自动添加装置，通过泵送至间歇式拌和楼中与混合料一起拌和。

①自动添加装置应是一套功能相对独立的液体添加系统。通过与拌和锅沥青添加电信号建立联系，系统能够配合拌和楼的拌和循环，实现对拌和锅足量、准确、稳定地添加温拌剂。

②自动添加装置的安装与调试需由专业水电安装工程师进行。在不具备有能力的专业水电安装工程师的地方，或者是对设备稳定性和耐用性要求较高的项目，宜采购专业厂家生产的设备，由厂家负责

安装和调试并提供技术支持，并针对操作人员进行专门培训。

③自动添加装置安装与调试结束后需根据现场拌和设备对添加剂的添入量进行标定，通过调整输出功率和输出时间，使得流量计读数达到目标流量计读数。

④在混合料拌和过程中，需要在拌和缸中设置排气口，以消散气体，排气口口径约为20cm，排气口的设置高度稍大于混合料拌和区高度，以便气体顺利排出，否则在生产过程中容易影响除尘装置。

⑤为避免混合料拌和中粉料被蒸汽带出，温拌沥青混合料的拌和宜采用添加延时及矿粉后加法。即温拌添加剂在沥青开始喷洒后延时3s左右喷入，喷入时间控制在13s以内，且必须保证在沥青喷洒结束之前完成温拌浓缩液的喷洒。添加剂喷洒完毕约6s后再添加矿粉。

⑥温拌添加剂的添加比例应根据使用的矿料、沥青胶结料以及环境温度、用途等综合确定。

6.3.5　混合料的出料温度应根据环境温度、混合料类型、使用条件等综合确定。如果进行低温施工，施工开始阶段，应提高温拌沥青混合料的出料温度，尽可能在温度较高情况下施工，以弥补施工设备温度较低的不足，待各设备温度稳定后，再按照规范或施工经验调整，进行正常施工。

普通沥青混合料的出料温度与水的沸点相差不远，通过引入更多的水，有可能在混合料内部形成更有效的润滑结构，因而达到更大的降低操作温度的结果。在普通沥青混合料实践经验积累的基础上，最低操作温度的值还有可能被进一步突破。

6.4　温拌沥青混合料的运输

6.4.1　温拌沥青混合料的降温速度相对较慢，在铺筑试验段的基础上，混合料的运输距离和运输时间，可在热拌沥青混合料的基础上适当放宽。

6.4.4　运料车在装料、运输与卸料过程中混合料都易产生离析，包含混合料的两种离析类型——温度离析与材料离析。在拌和站向运料车装料的过程中，料车指挥员指挥运输车前后移动，拌和楼每卸一次混合料，汽车挪动一下位置，分几堆均匀装料以减少沥青混合料的离析。同时，运料车应配备一定的卸料防离析措施，例如在运料车卸料部位焊接侧板，以防止大量粗集料在卸料时翻滚到侧表面产生离析。

为了降低沥青混合料运输过程中温度的散失，在运输过程中需要在运料车上覆盖蓬布，并派专人检查和测试出场温度。

6.4.6　在美国等发达国家，转运机已经开始越来越多地出现在沥青路面施工中，我国有的省份也已经开始使用，它介于运料车与摊铺机之间，运料车将混合料卸在转运车上，转运车一边对混合料进行二次拌和，一边与摊铺机完全同步前进，向摊铺机供料，可有效地改善混合料的离析和温度不均的问题。

6.5　温拌沥青混合料的摊铺

6.5.7　当采用改性沥青或者在较低气温施工时，应尽量避免在摊铺面进行人工补料等操作。

6.6　温拌沥青混合料的压实

6.6.1　温拌沥青混合料的压实工艺，应在试验段铺筑总结基础上，保证温拌沥青路面路用性能的同时综合确定的，包括施工机械配置和组合，碾压遍数，碾压速度等。

6.6.2　根据混合料的级配类型，选择合理的压路机组合方式及碾压要求，为达到良好的压实效果，必须使用大吨位的双钢轮振动压路机和胶轮压路机，以达到最佳碾压效果。

①摊铺宽度不超过6m时需要配置2台双钢轮振动压路机、1台胶轮压路机。如果采取双机梯队或者一次性摊铺宽度超过6m时，宜采用2～4台钢轮压路机、2台胶轮压路机。

②气候条件不利因素较多时，胶轮压路机进行初压有助于保证压实效果，但是，为了避免轮迹，需尽早安排钢轮振动压路机压实。

③温拌沥青混合料在碾压作用下，沥青胶浆的挤出效应与热拌时有显著的不同，在复压阶段可以采用胶轮压路机部分替代钢轮振动压路机碾压。

温拌沥青混合料常用的碾压工艺为:①初压 2 ~ 3 遍,选择钢轮振动压路机振动压实,压实速度宜为 2km/h ~ 3km/h。如果第一遍前进振动碾压时发生严重推移,则采用静压,其他采用振压。②复压 4 ~ 5 遍,应采用胶轮压路机;如采用钢轮压路机振动 3 ~ 5 遍,压实速度均宜为 2km/h ~ 4km/h。③终压 2 ~ 3 遍,选择双钢轮振动钢轮压路机,采用振、静结合方式,收光采用静压,压实速度可为 3km/h ~ 5km/h。

6.6.3　胶轮压路机的揉搓和振动作用对温拌沥青混合料的压实至关重要。在钢轮压路机吨位足够而且能够调整振动频率和幅度的情况下,全钢轮碾压队列可以完成温拌混合料的压实要求(初压高幅低频,复压低幅高频),而胶轮压路机参与压实则对于提高上部密实度有明显好处。同时,由于不用过度担心提浆和混合料侧移变形,胶轮压路机参与温拌沥青混合料压实可以有全新的组合,即采用胶轮压路机先行模式或胶轮压路机紧跟钢轮初压的模式:胶轮压路机直接或钢轮初压仅 1 遍后就上摊铺面,胶轮压路机承担初压和复压的一部分,但复压的后一部分(低幅高频)由振动压路机承担,以便充分消除轮迹。胶轮压路机先行型组合对于低温施工、骨架密实型结构的形成具有突出的意义。

同比热拌沥青混合料,温拌沥青路面压实遍数和压实功减少,可以适当减少压实机具配置,这部分节省的费用是比较显著的。但无论是常温还是低温施工,必须保证压实度。

6.6.4　温拌沥青混合料的初压应符合下列要求:

①初压应紧跟在摊铺机后碾压,并保持较短的初压区长度,以尽快使表面压实,减少热量散失。对摊铺后初始压实度较大,经实践证明采用振动压路机或胶轮压路机直接碾压无严重推移而有良好效果时,可免去初压直接进入复压工序。

②碾压时应将压路机的驱动轮面向摊铺机,从外侧向中心碾压,在超高路段则由低向高碾压,在坡道上应将驱动轮从低处向高处碾压。

③初压后应检查平整度、路拱,有严重缺陷时进行修整乃至返工。

复压应紧跟在初压后进行,并应符合下列要求:

①复压应紧跟在初压后开始,且不得随意停顿。压路机碾压段的总长度应尽量缩短,通常为 60m ~ 80m。采用不同型号的压路机组合碾压时宜安排每台压路机作全幅碾压。防止不同部位的压实度不均匀。

②振动压路机的振动频率宜为 35Hz ~ 50Hz,振幅宜为 0.3mm ~ 0.8mm。层厚较大时选用高频率大振幅,以产生较大的激振力,厚度较薄时采用高频率低振幅,以防止集料破碎。相邻碾压带重叠宽度为 100mm ~ 200mm。振动压路机折返时应先停止振动。根据情况,上胶轮压路机碾压,保证压实度和压实效果。

③对路面边缘、加宽及港湾式停车带等大型压路机难于碾压的部位,宜采用小型振动压路机或振动夯板作补充碾压。

为保证压实度和平整度,应做到初压和复压的压路机紧跟碾压。

终压应紧接在复压后进行,终压可选用双轮钢压路机或关闭振动的振动压路机碾压,碾压遍数不宜少于 2 遍,碾压至无明显轮迹为止。

7　施工质量管理与验收

温拌沥青混合料的施工质量控制与检查验收,应包括原材料供应、混合料生产和运输、施工以及施工后检测的整个过程。

7.1　施工前的材料与设备检查

7.1.1　施工前,对机械设备进行检查,主要包括:

①摊铺机工作装置及其调节机构检查,如非接触式平衡梁、刮板输料器、料斗闸门、螺旋分料器等。

②对摊铺机动力及传力系统检查,确保发动机、离合器和传动系统等工作正常。

7.2 试验路段的铺筑

7.2.1 对高等级公路来说，铺筑试验段是不可缺少的步骤，经过多年实践证明，试验段的铺筑是验证生产用的标准配合比和最佳沥青用量是否合理的最有效手段。

7.2.3 铺筑试验段绝不是一种形式，必须达到要求的目标。现在有不少试验段不满足施工要求，通常存在的问题是：拌和机未调试稳定，生产配合比、油石比未达到设计要求，混合料的施工温度控制不准等。有些工程单位因为怕没有把握，把试验段放在老路、匝道、连接线上进行铺筑，这样的做法得不到与主线上相同的结果，不能作为主线大面积施工的生产依据，只能作为试验段的试验性拌和铺筑的辅助使用。只有在主线上按照正规的施工工艺铺筑正式的试验段，才能真正起到主线大面积施工的指导作用。

附 录 A
表面活性温拌添加剂检测方法

表面活性添加剂的主要成分是表面活性成分,在不恰当的存储条件下,添加剂可能会发生物理和化学变化。物理变化是水分或盐酸散失,造成 pH 值和固含量的变化;化学变化是表面活性成分发生氧化或光化学反应,活性失效,体现为胺值发生显著变化。为了避免温拌添加剂发生物理和化学变化,添加剂储存需密闭避光。

胺值、pH 值、固含量及溶解度并不是保证表面活性温拌添加剂活性的充分条件。温拌沥青混合料的施工操作温度是否在温拌范围以及路用性能是否满足规范要求才是表征表面活性温拌添加剂温拌效力的最终判定依据。

表面活性温拌添加剂大部分成分会在拌和过程中挥发,活性成分残留量比较低,故不计入胶结料用量。同时,由于表面活性添加剂本身均具有抗剥落效力,温拌沥青混合料通常不需要添加其他的抗剥落成分。